Dieses Kunst-Malbuch gehört

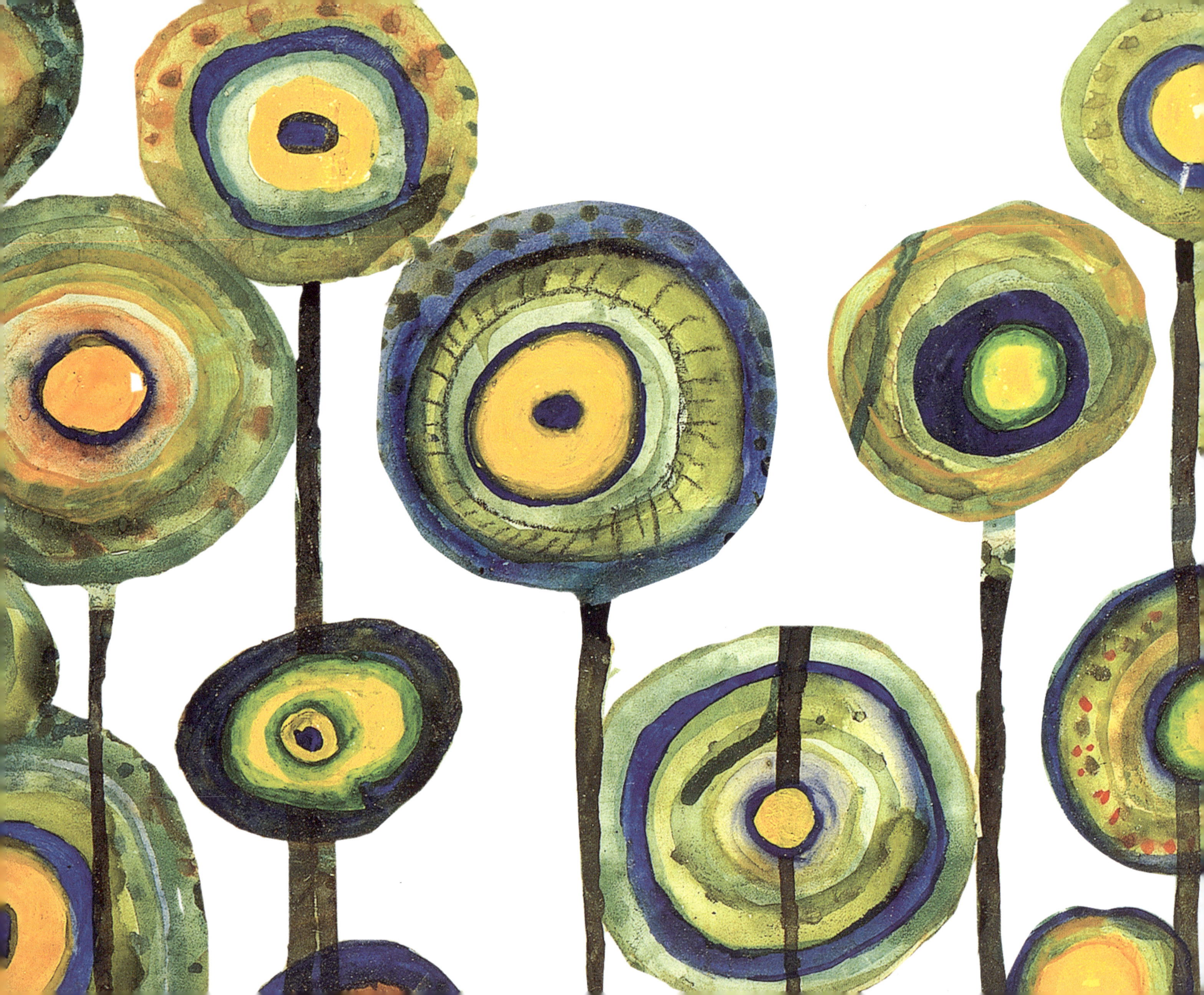

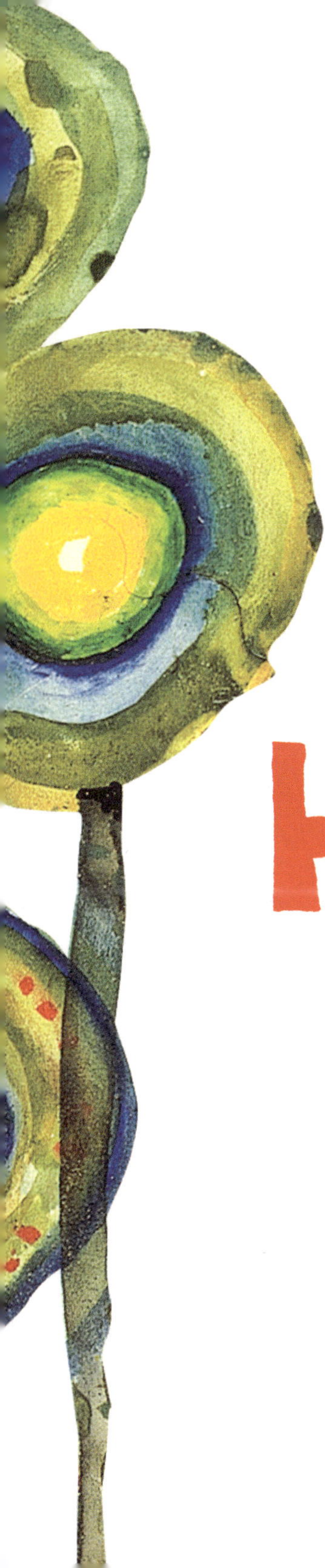

Mein Kunst-Malbuch

Phantasiereisen mit HUNDERTWASSER

Prestel

München • London • New York

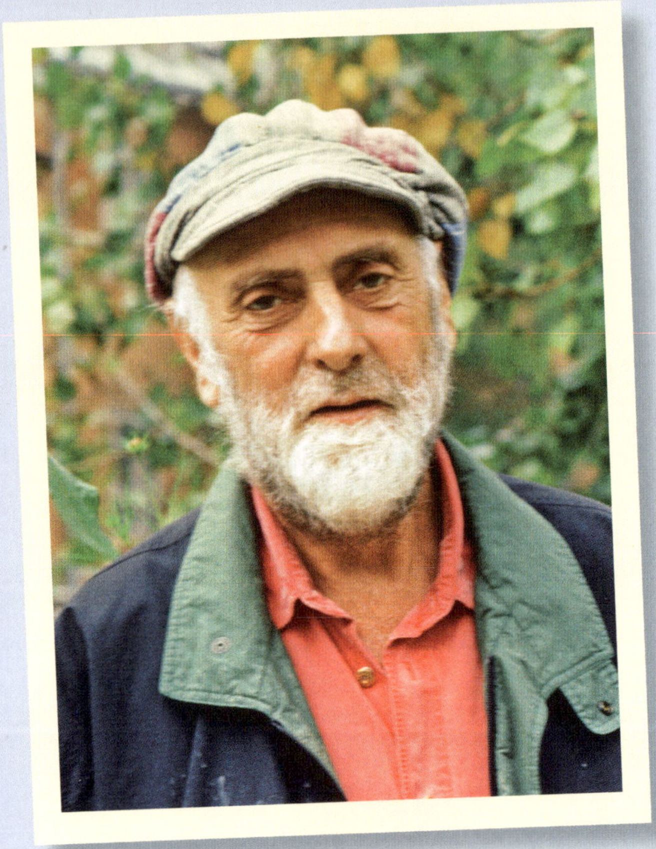

„Jeder Mensch, der geboren wird, hat ein unglaubliches Kapital an Kreativität, jeder Mensch, der geboren wird, ist mit dem Ursprung, mit dem Kosmos verbunden. Er ist quasi noch im Paradies. Das ist ein Garten Eden von unglaublichem Ausmaß, eine Unendlichkeit, so unendlich wie der Sternenhimmel ist. Jeder Mensch ist so verschieden von den anderen wie ein Stern vom anderen."

Hundertwasser

Das ist Friedensreich Hundertwasser.

1928 wurde er in Wien geboren.
2000 starb er auf dem Weg von Neuseeland nach Europa an Bord der Queen Elizabeth 2.
Hundertwasser war Maler und Architekt, Ökologe und Vordenker.

„Schönheit ist ein Allheilmittel", hat Hundertwasser einmal gesagt.

Nimm deine schönsten Farben und
mach dich auf die Reise in die Welt deiner Phantasie ...

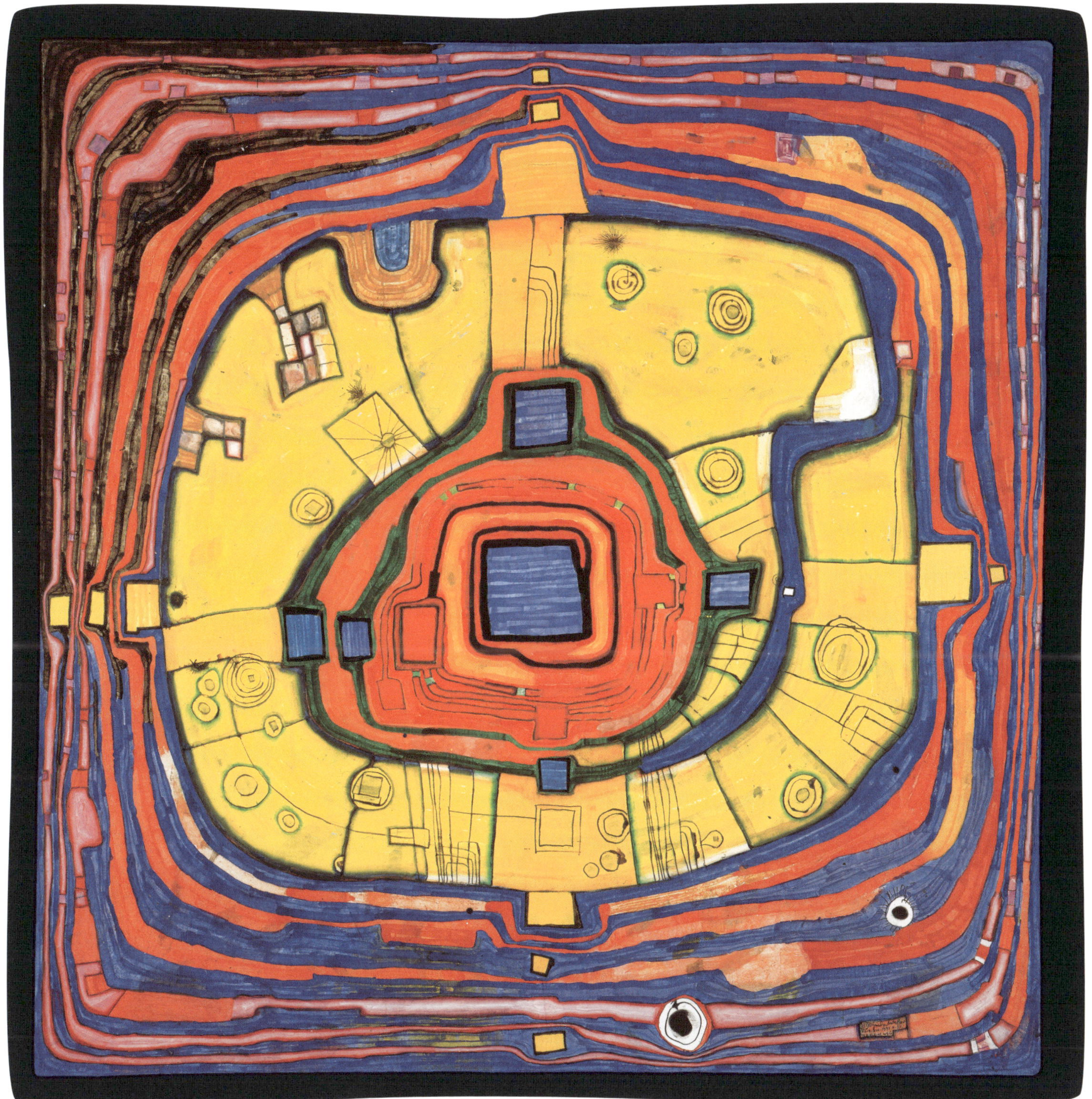

931

Der kleine Weg, 1991

Weißt du, was eine
Spirale ist?
Von einem Punkt in der
Mitte aus dreht sich die
Spirale in Kreisen, die
immer größer und größer
werden ...

Spiralen kommen überall in unserer Welt vor – im Großen und im ganz Kleinen:

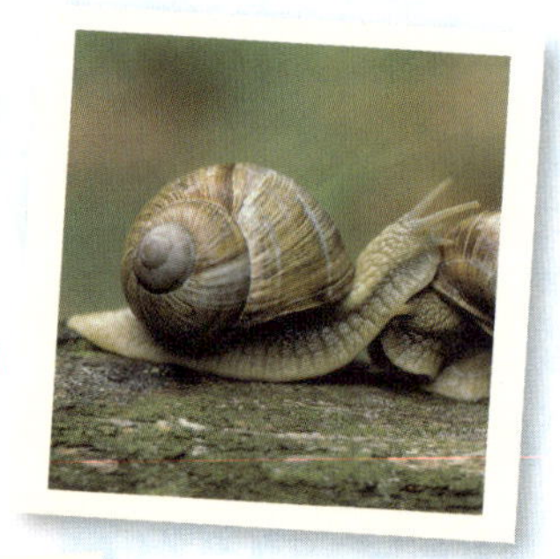

Erkennst du die Spirale an diesem Schneckenhaus?

Auch im Weltall gibt es Spiralen!

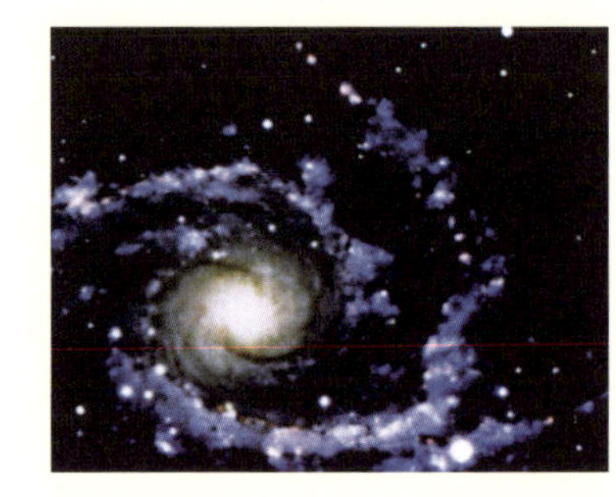

Welche Form hat ein Wirbelsturm?

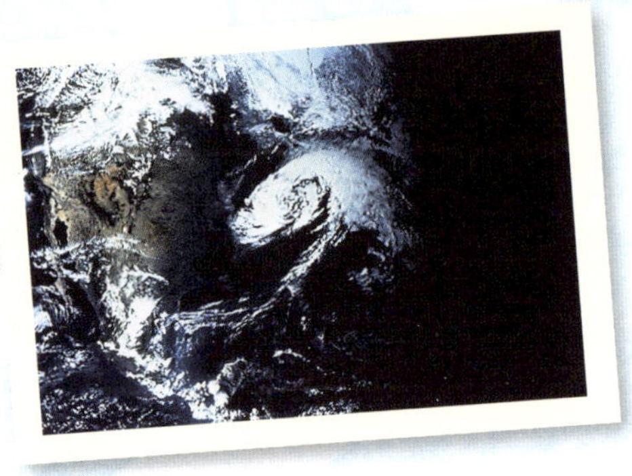

Kannst du diese klitze-kleinen Spiralen an deinen Fingerspitzen entdecken?

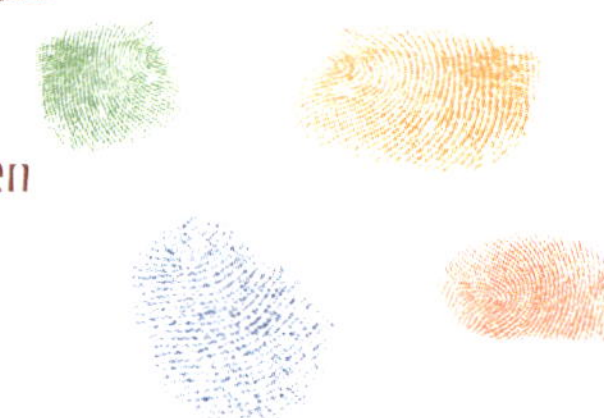

Findest du noch weitere Spiralen um dich herum? Hier kannst du sie malen, dir Notizen machen oder auch Fotos einkleben.

Und hier ist noch Platz für ein schönes buntes Spiralbild!

„Malen ist träumen. Wenn ich male, träume ich. Wenn der Traum zu Ende ist, erinnere ich mich nicht mehr daran, was ich geträumt habe. Das Bild aber bleibt. Es ist die Ernte des Traums.“ Hundertwasser

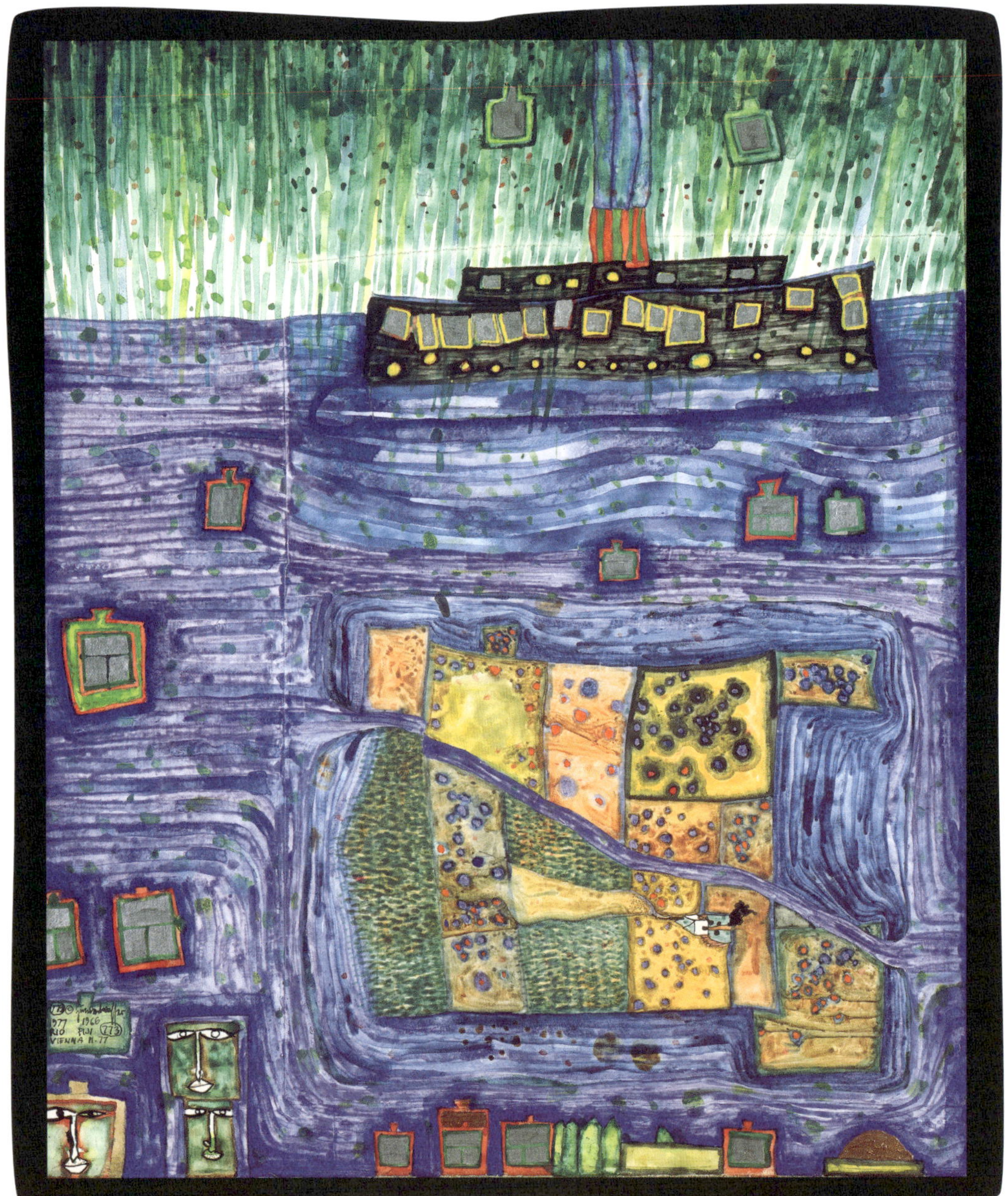

773

Waikato Insel und Dampfer in Rio, 1977

Wie sieht dein Traumbild aus?

Malst du hier ein Bild in den Farben, die du am liebsten hast?

„Dunkelbunt bedeutet: in reinen, starken, leuchtend tiefen Farben, etwas traurig, wie an einem Regentag." Hundertwasser

Die dunkelbunten Farben der Regentage liebte Hundertwasser so sehr, dass er sich sogar danach benannt hat. Nun hieß er Friedensreich Regentag Dunkelbunt Hundertwasser

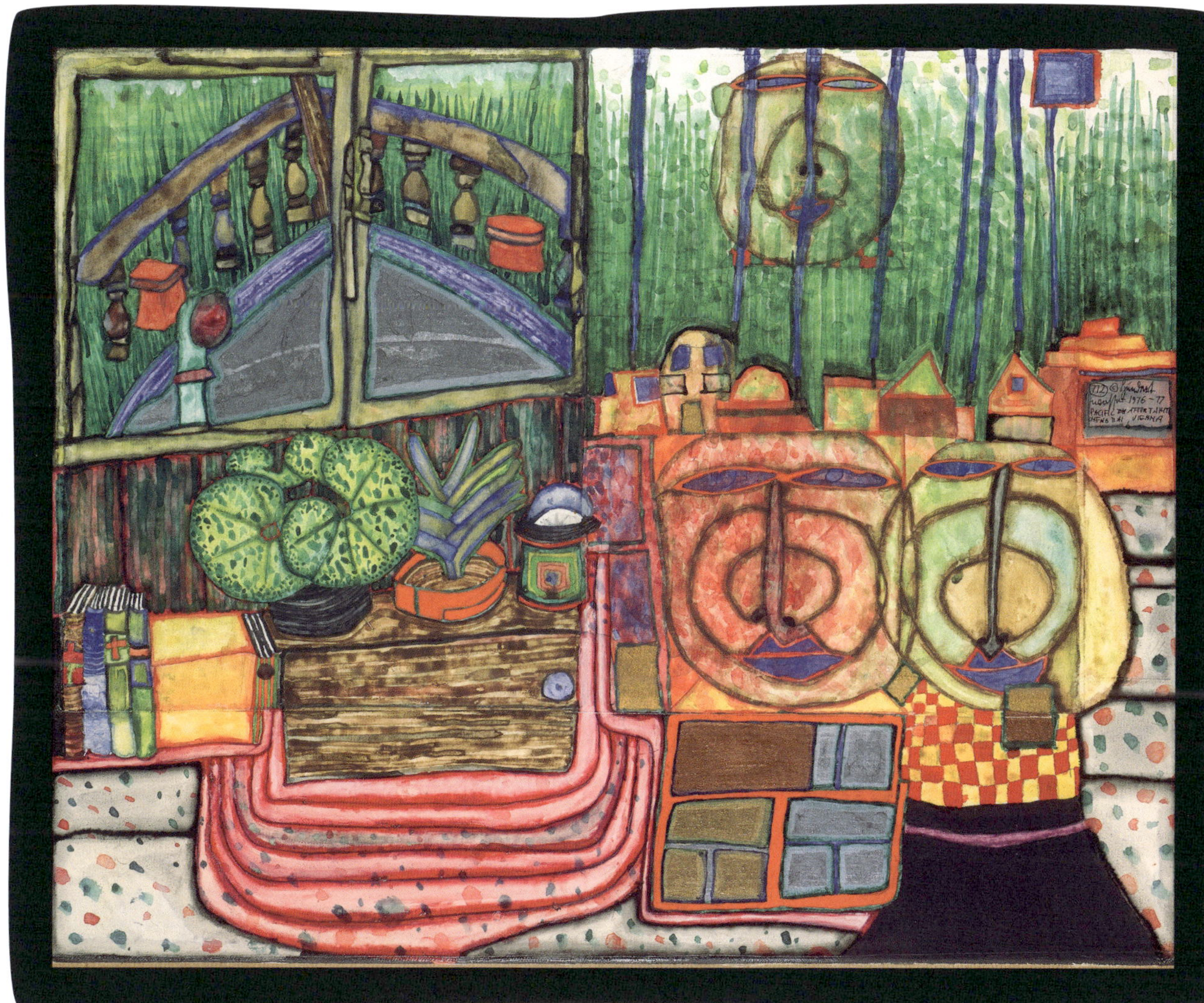

772 Regentag in Siam, 1977

„Zieht euch aus, und zieht euch schöne Kleider an: Kleider, die euch passen, Kleider, die euch stark machen."
Hundertwasser

Hundertwasser mochte keine langweilige Einheitskleidung. Deshalb hat er schöne bunte und bequeme Kleider für sich selbst entworfen, die genau zu ihm passten.

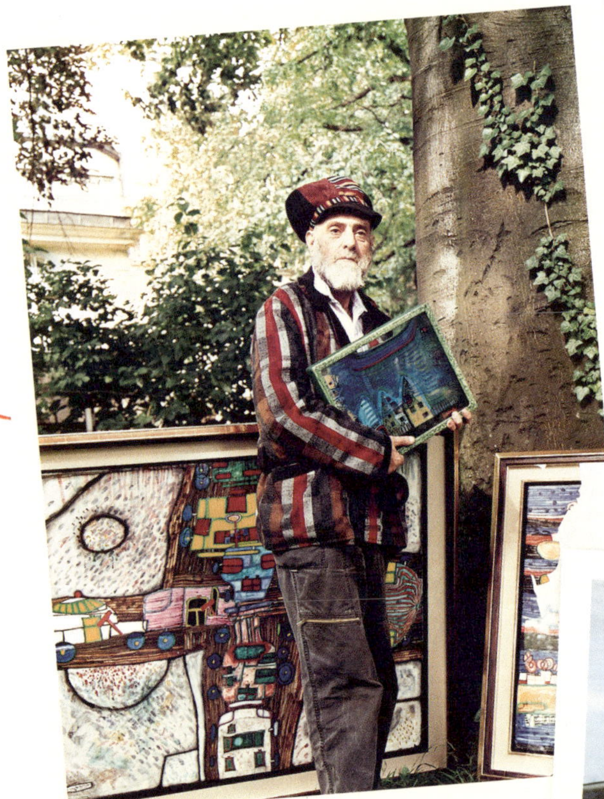

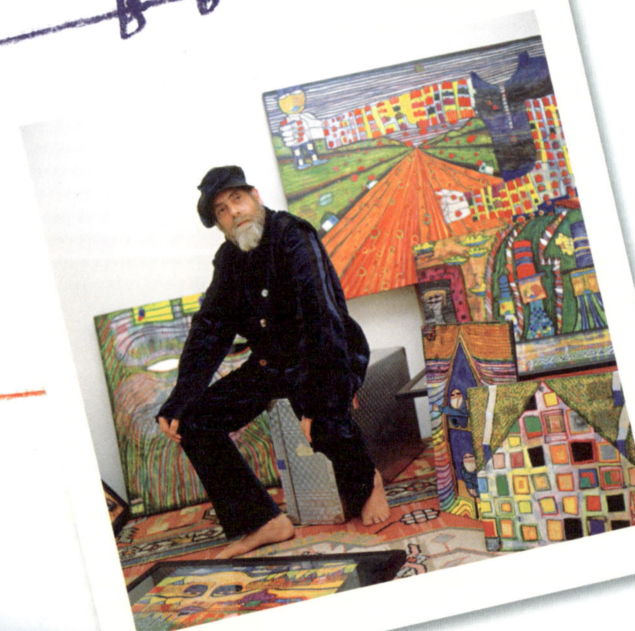

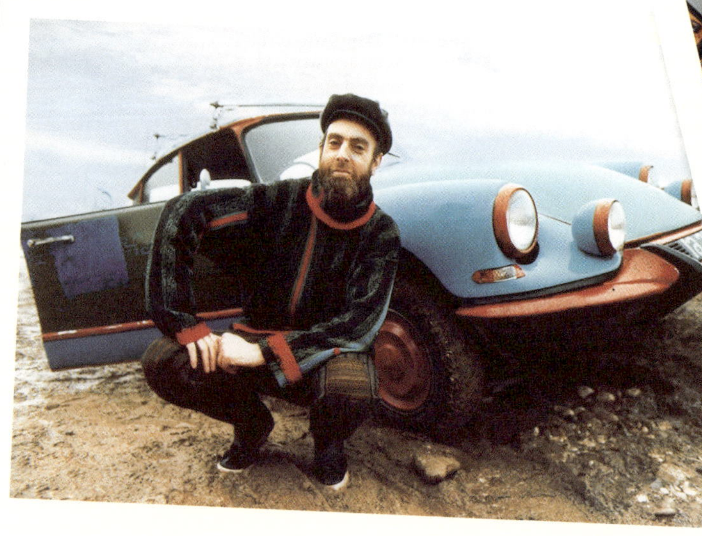

Wie würden Kleider aussehen, die dir gefallen?

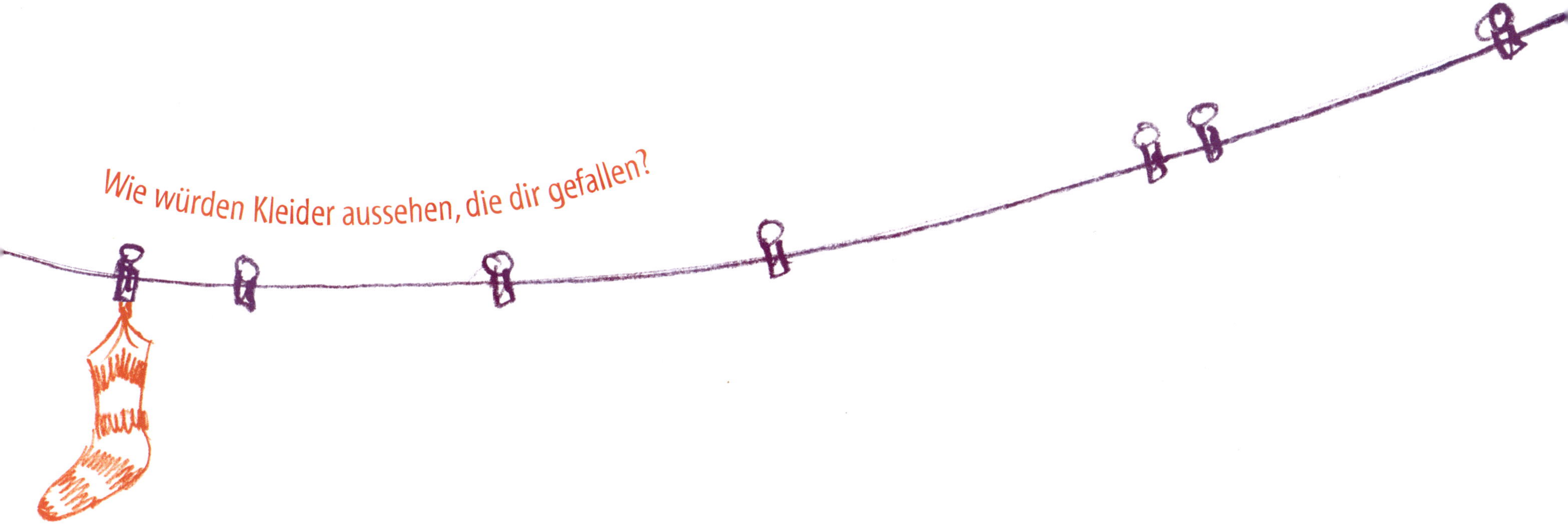

„Wer sich eine Krone aufsetzt, wird ein König, wer sich zwei Kronen aufsetzt, wird ein Kaiser." Hundertwasser

Auch Hüte machen die Menschen größer und verleihen ihnen Bedeutung.

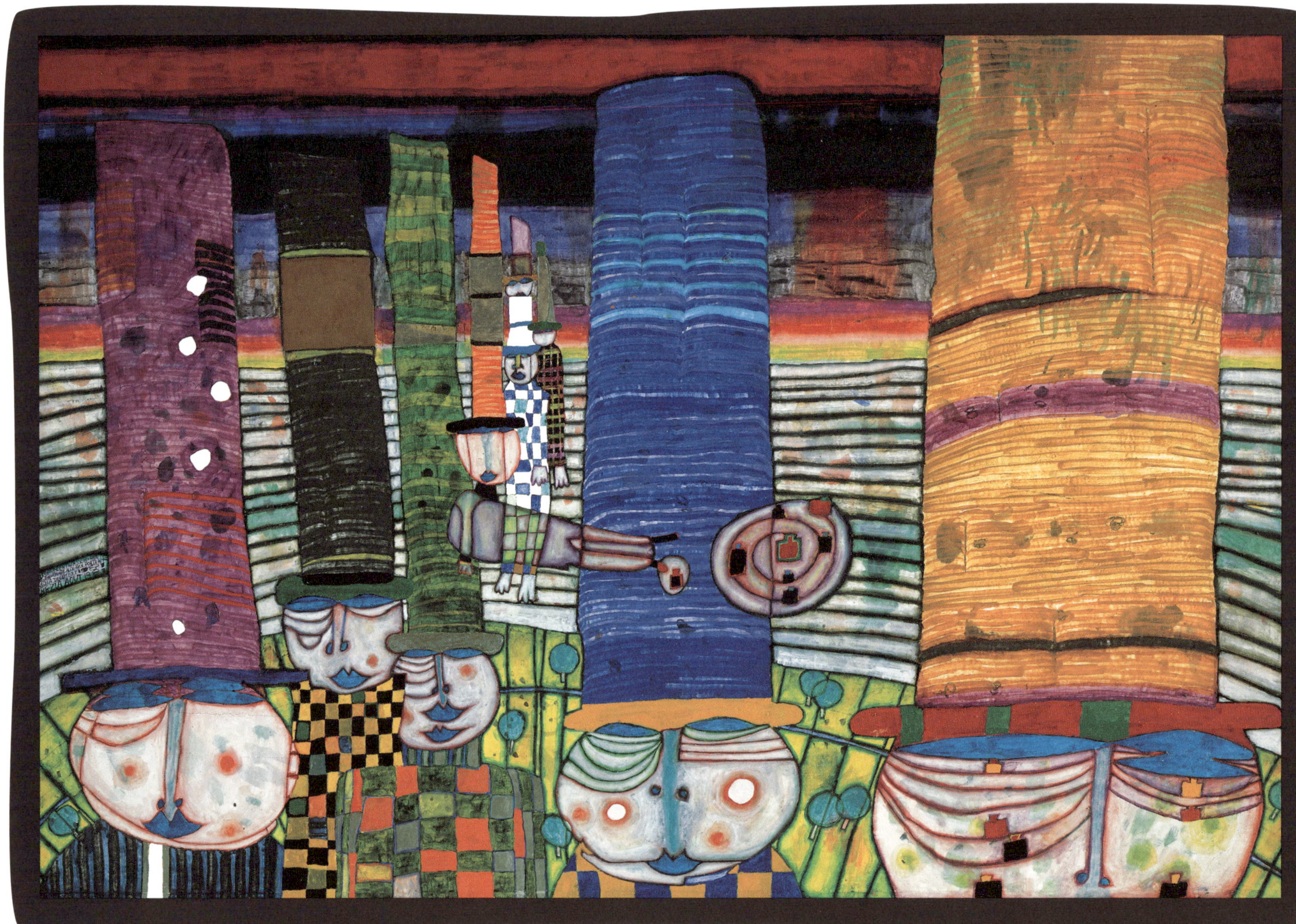

 HÜTE TRAGEN, 1982

Würdest du dich und deine Freunde gerne mit schönen Hüten malen?
Oder dir lieber eine Krone aufsetzen und dich wie ein König oder eine Königin fühlen?

Jeder Mensch soll das Recht haben, die Außenwand seiner Wohnung zu gestalten – so wie es ihm gefällt und wie es zu ihm passt.

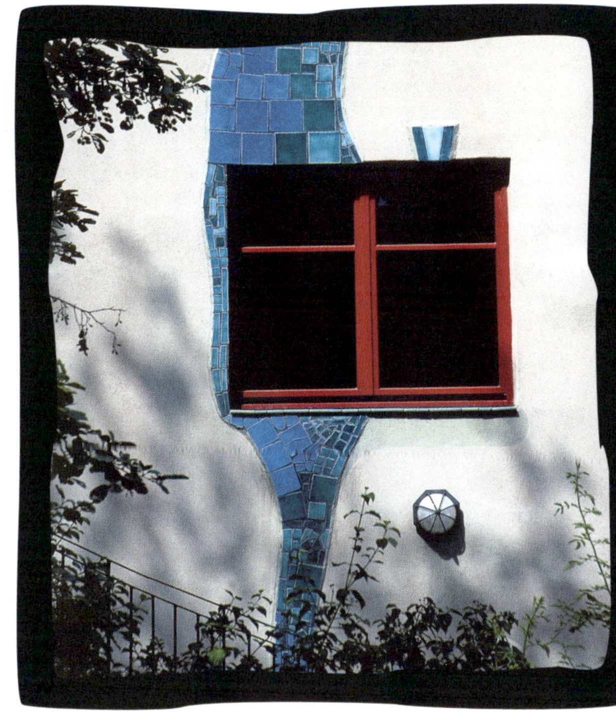

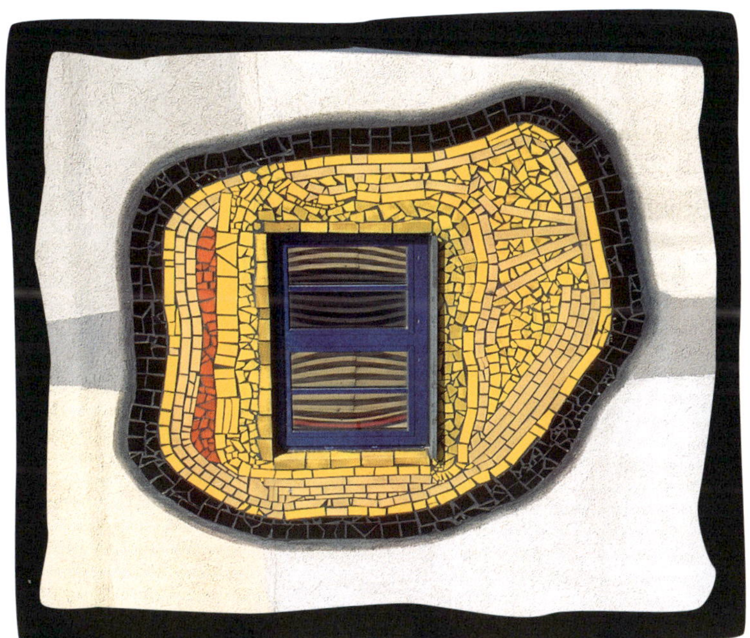

Wenn man an dem Haus, in dem du wohnst, das Fenster deines Zimmers schon von weitem erkennen sollte, wie könnte es dann aussehen?

„Jedes noch so hässliche und kranke Haus kann geheilt werden." Hundertwasser

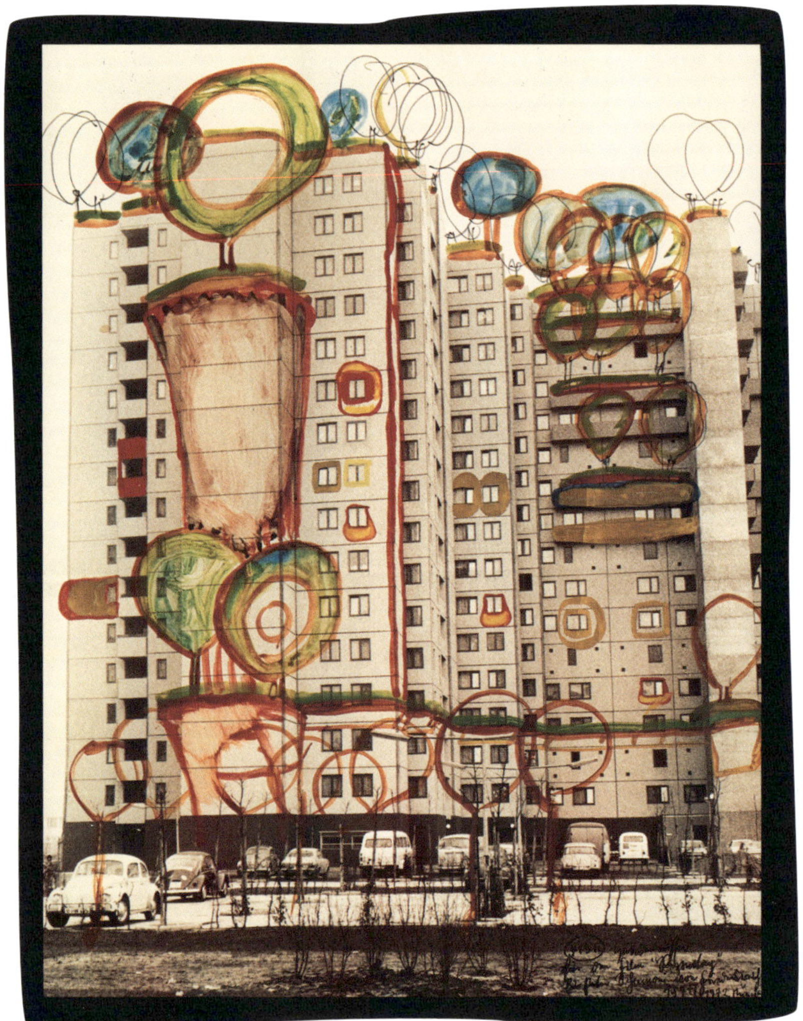

713 Architektur-Heilvorschlag, 1972

Wo Häuser stehen, wird Natur zerstört und ist
kein Platz mehr für Pflanzen – oder doch?

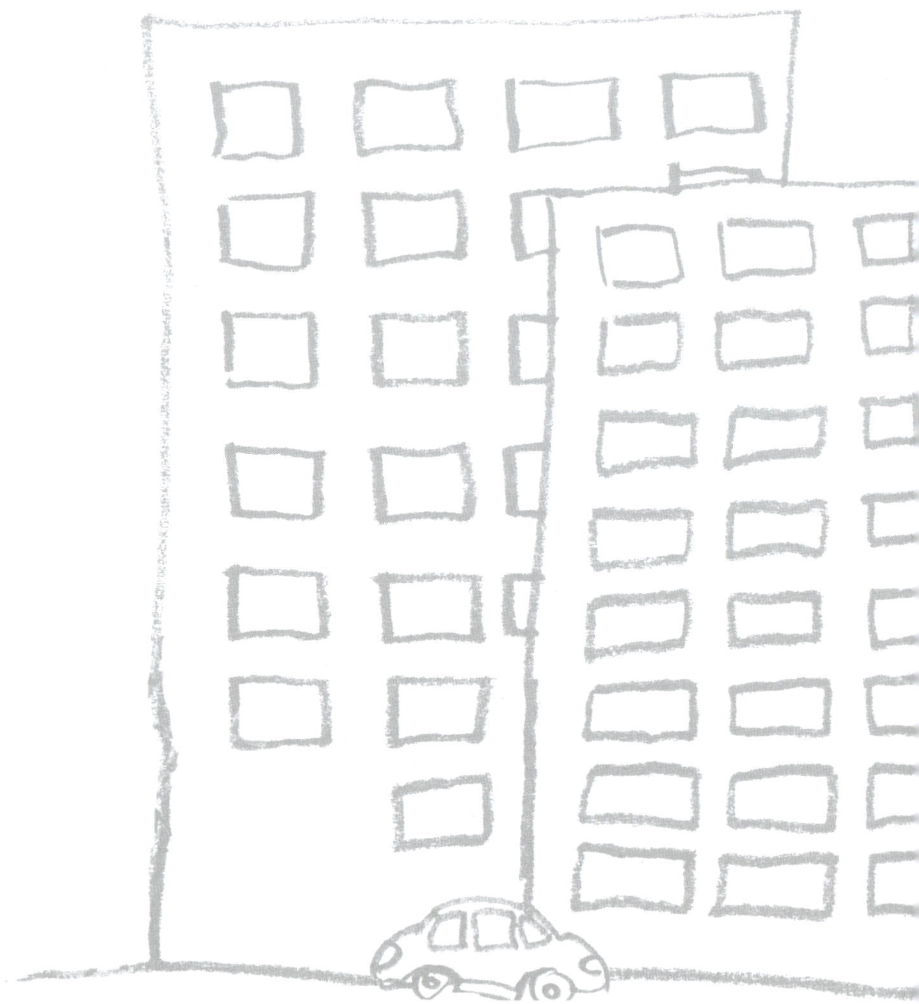

Wie könnte eine Stadt aussehen,
in der auch die Natur Platz hat?

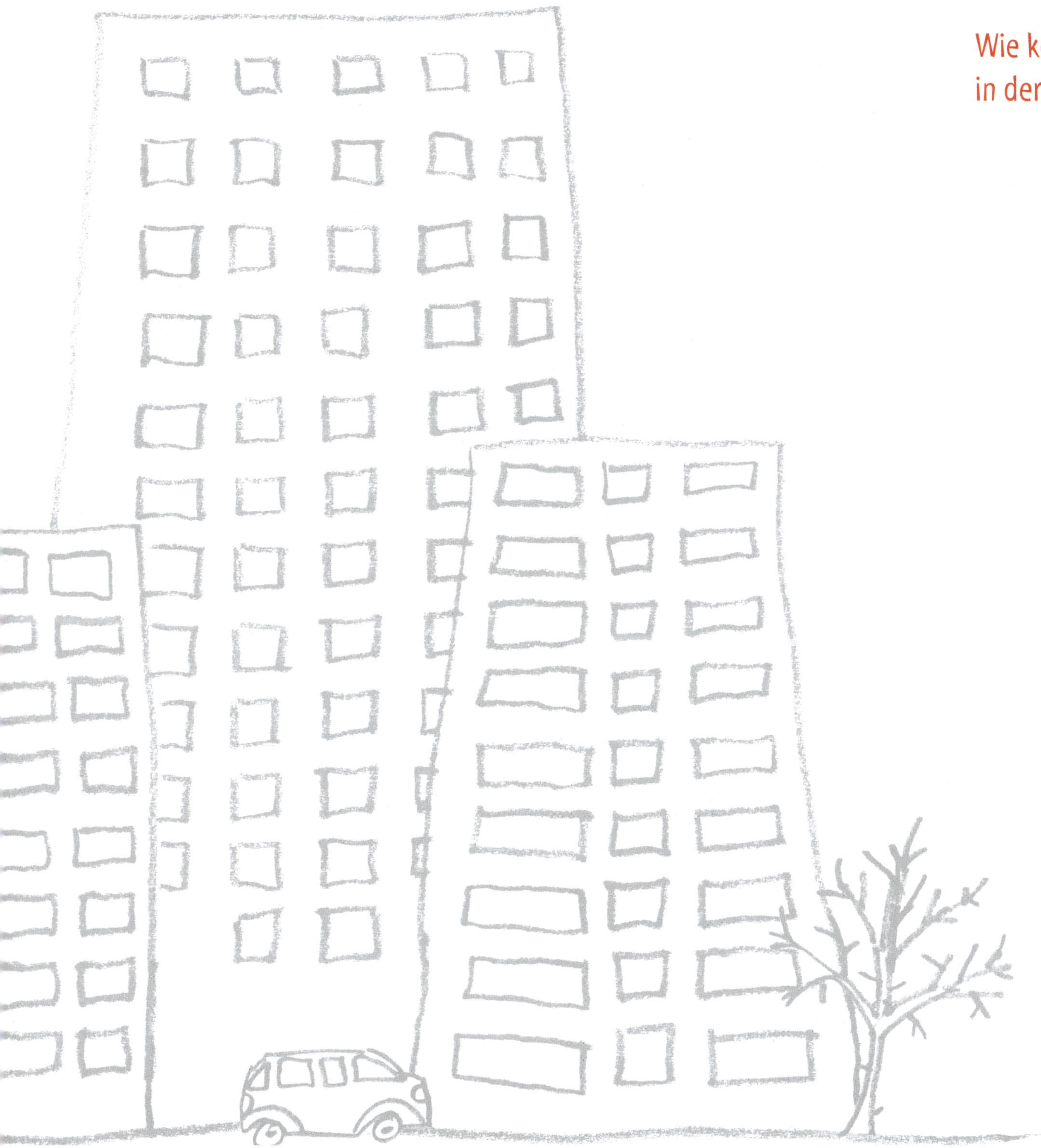

Was findest du wichtig, wofür würdest du dich einsetzen?
Möchtest du ein Plakat dafür malen?

Mit Plakaten wie diesen rief Hundertwasser für den Umweltschutz auf:

„Du bist ein Gast der Natur – verhalte dich entsprechend!"

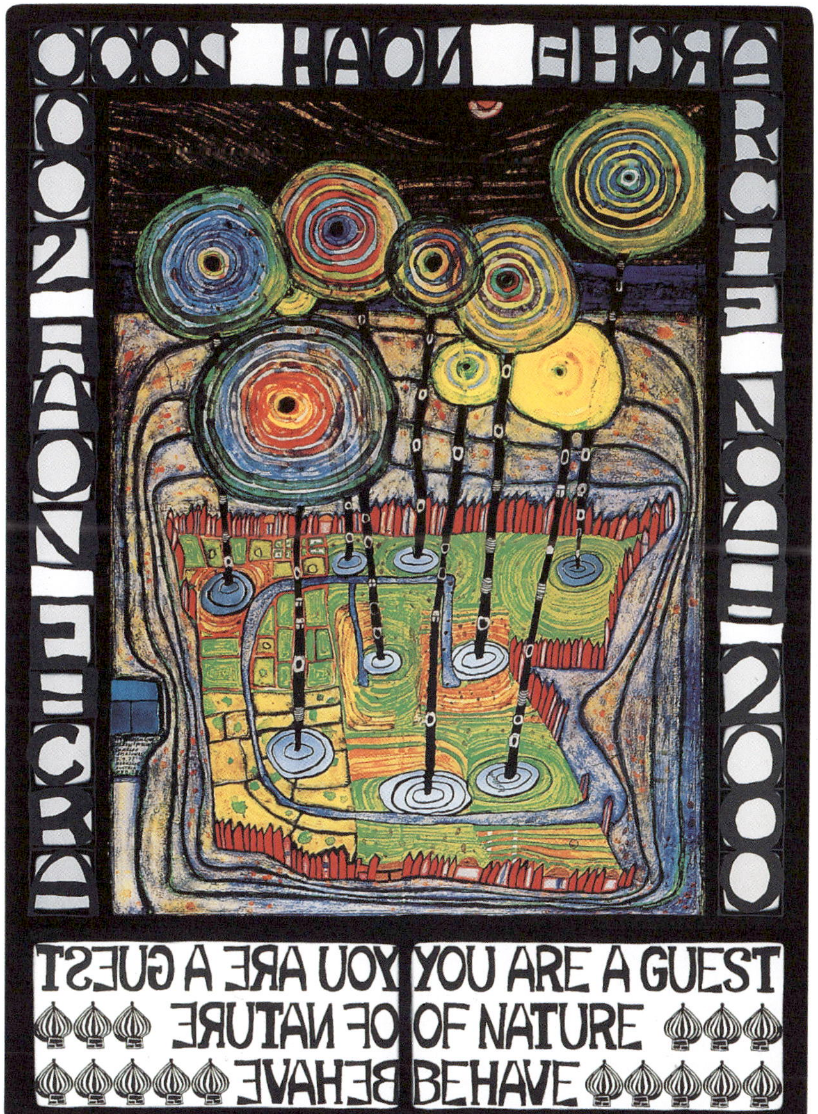

„Rettet die Wale!"

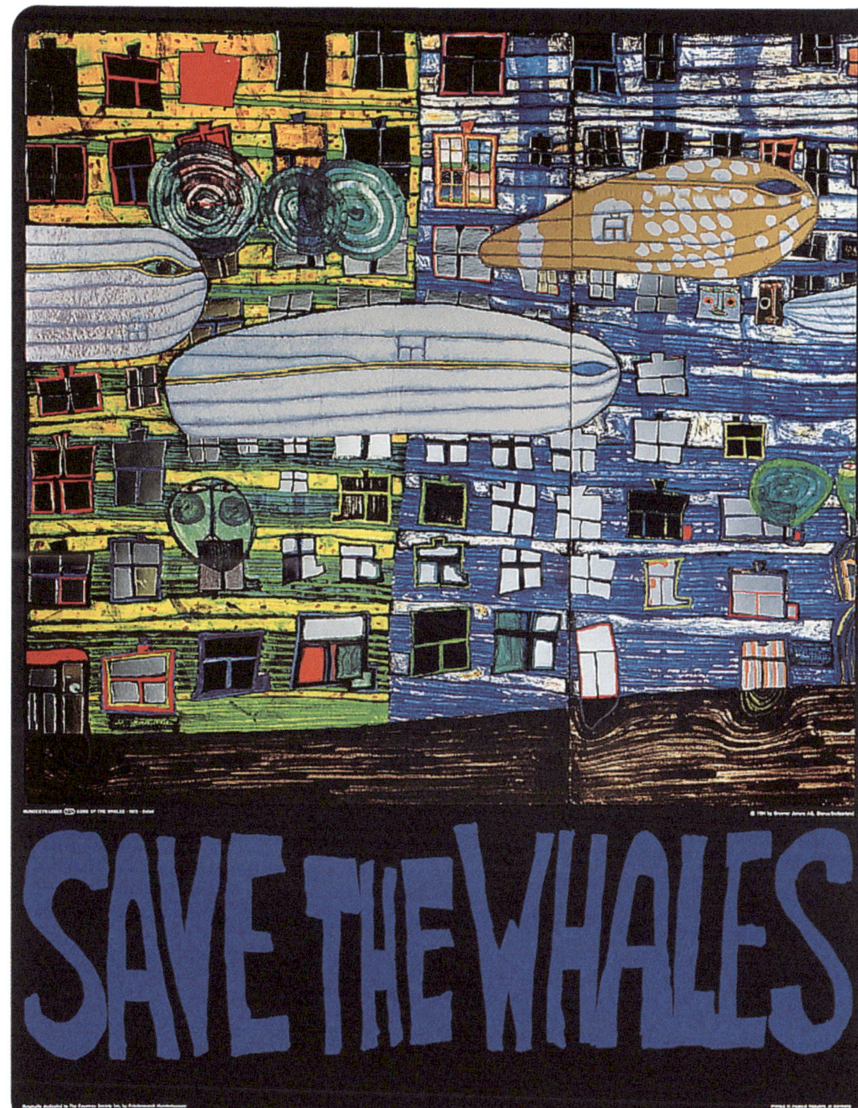

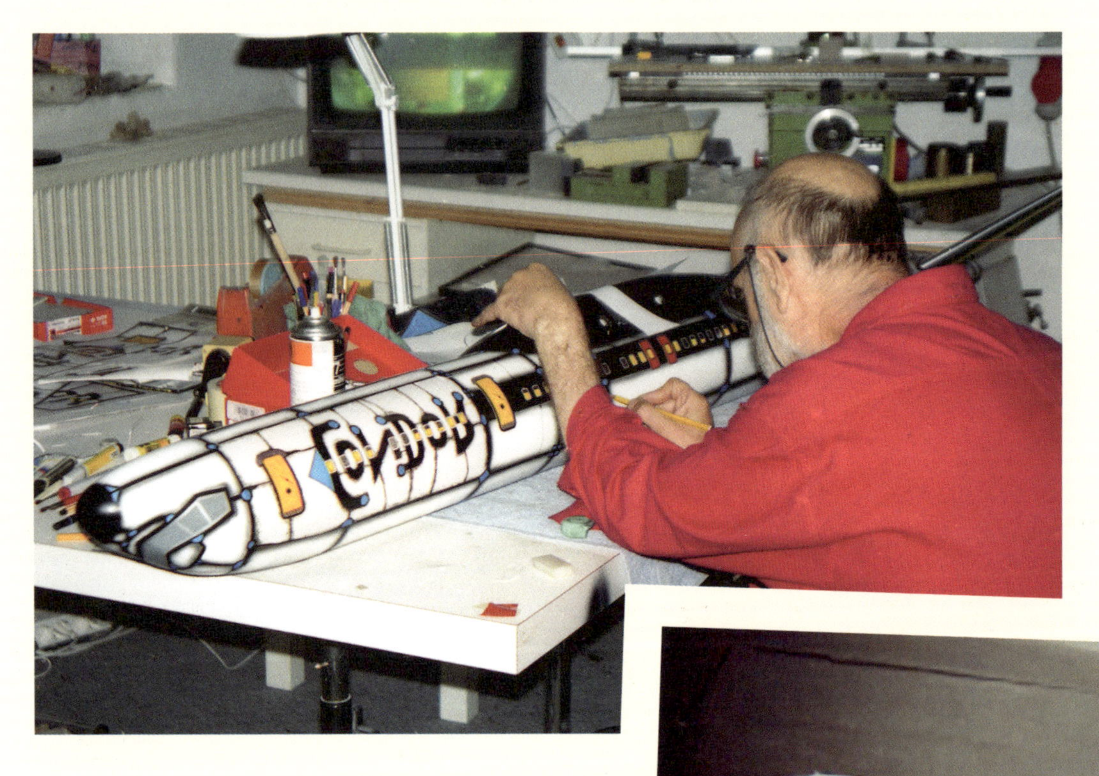

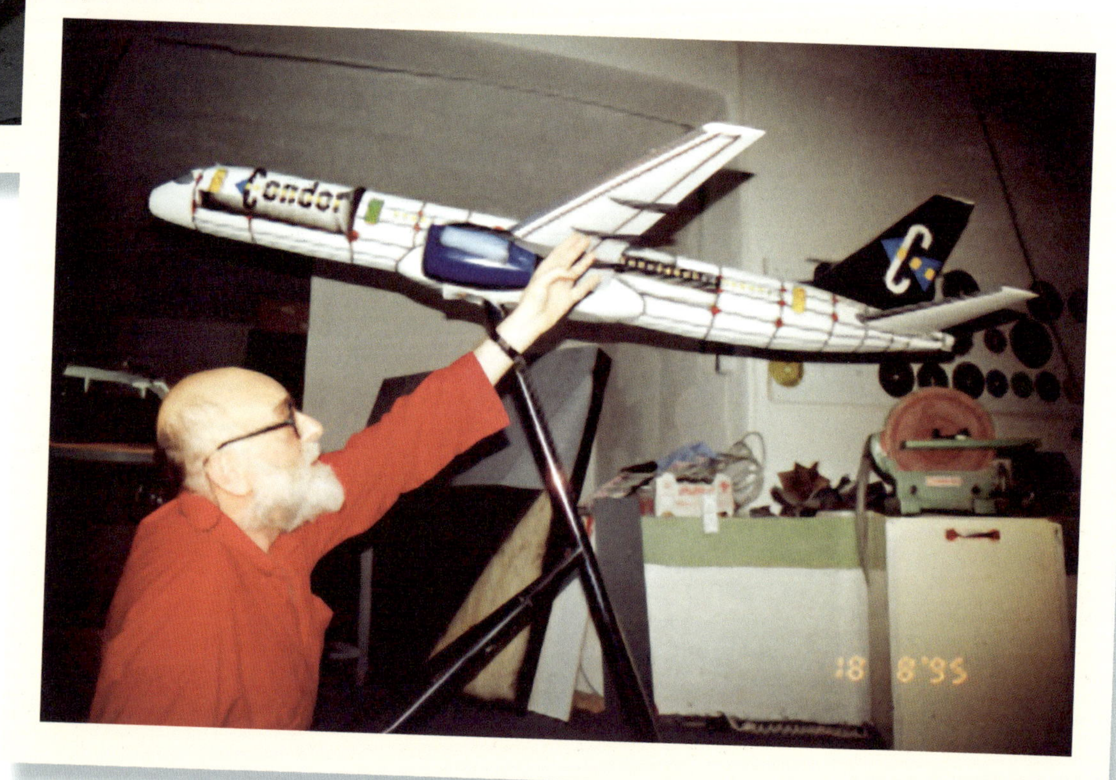

Hundertwasser wurde von der Fluggesellschaft Condor gebeten, eine Boeing 757 zu gestalten. Wie sein Flugzeug aussehen sollte, kannst du auf den Fotos erkennen.

Male ein Flugzeug, wie es dir gefallen würde!

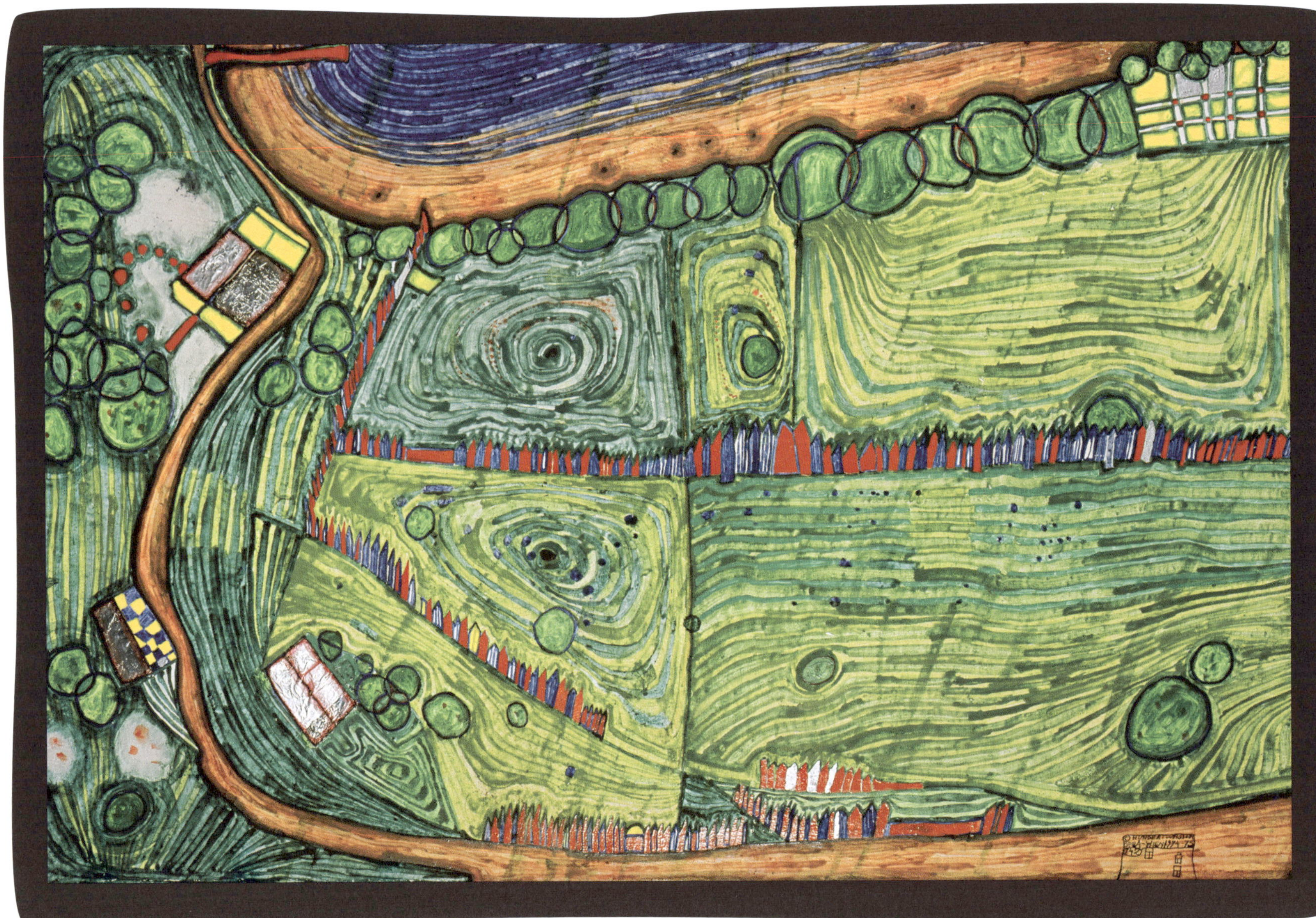

742 Fagans Farm, 1975

Die Welt von oben: Wie sieht dein Zuhause aus der Vogelperspektive aus?

Wie könnten diese Schiffe heißen?

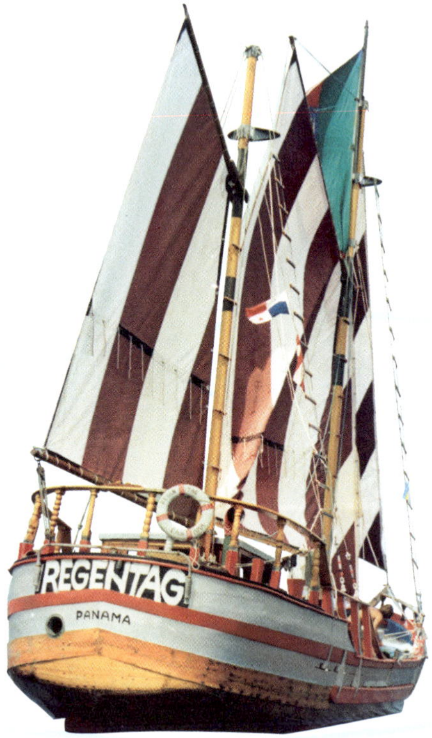

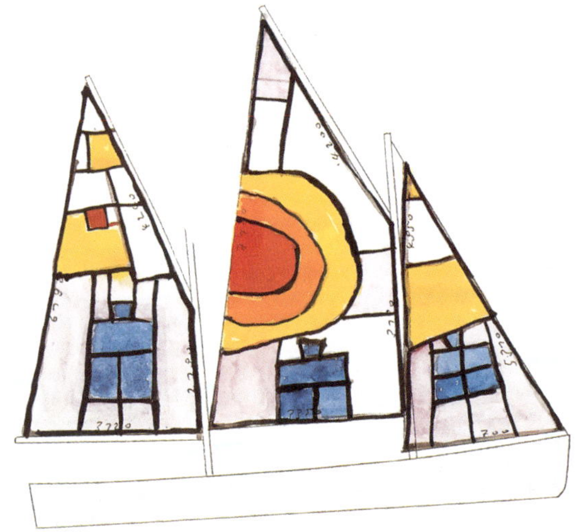

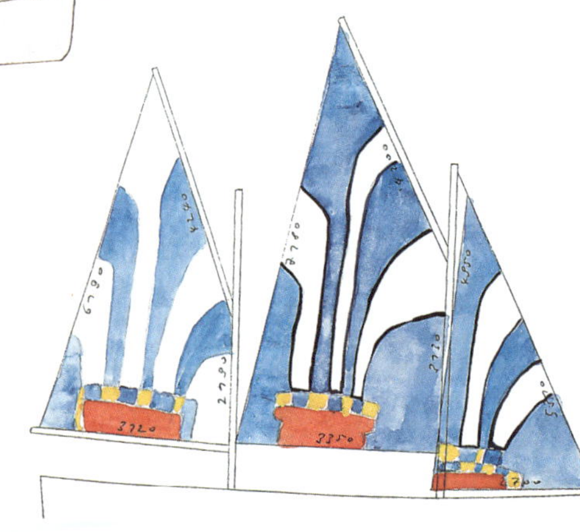

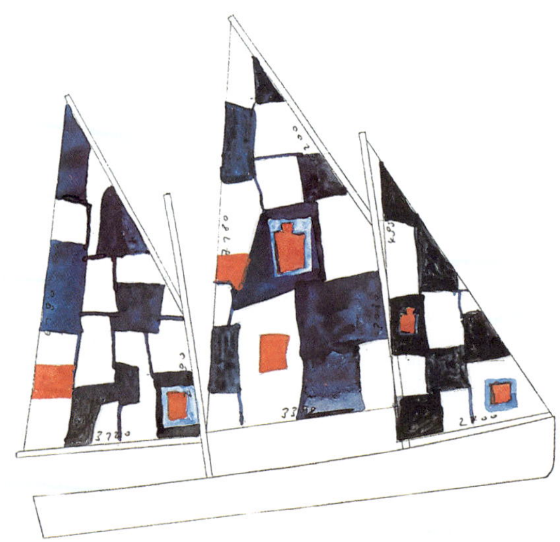

Wie soll dein Schiff aussehen?

Am Strand von Pellestrina, in den Straßen von Paris...
überall fand Hundertwasser Schätze:
Holzstücke, Karton, Papier und vieles andere.

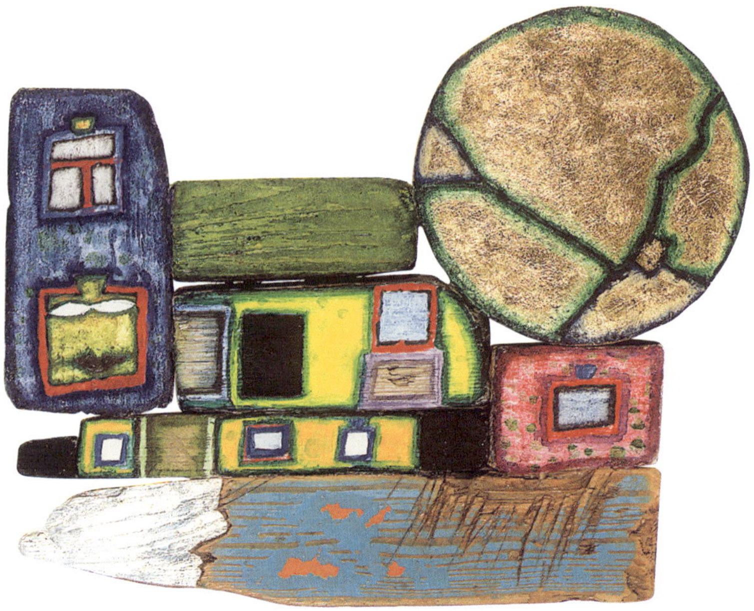

904 Pellestrina Wood, 1988

Hier hat er aus schönen Holzstücken ein Reliefbild zusammengesetzt und es bemalt.

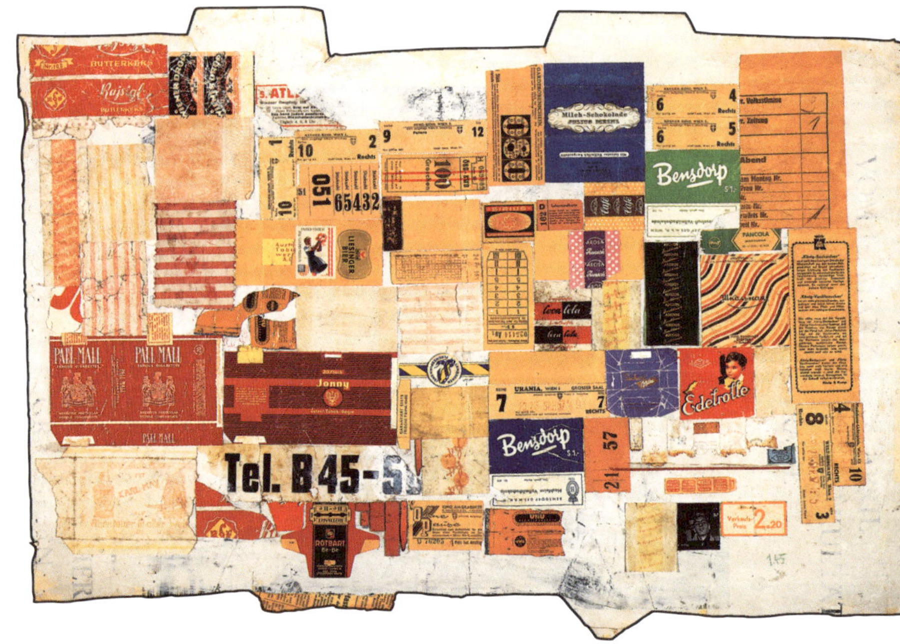

145 Die Werte der Straße, 1952

Aus Bonbon- und Schokoladepapieren, Zigarettenpackungen, Fahrscheinen und vielen anderen Dingen, die er auf einer Straße gefunden hatte, klebte Hundertwasser dieses Bild.

Möchtest du auch ein Kunstwerk aus deinen Schätzen gestalten?

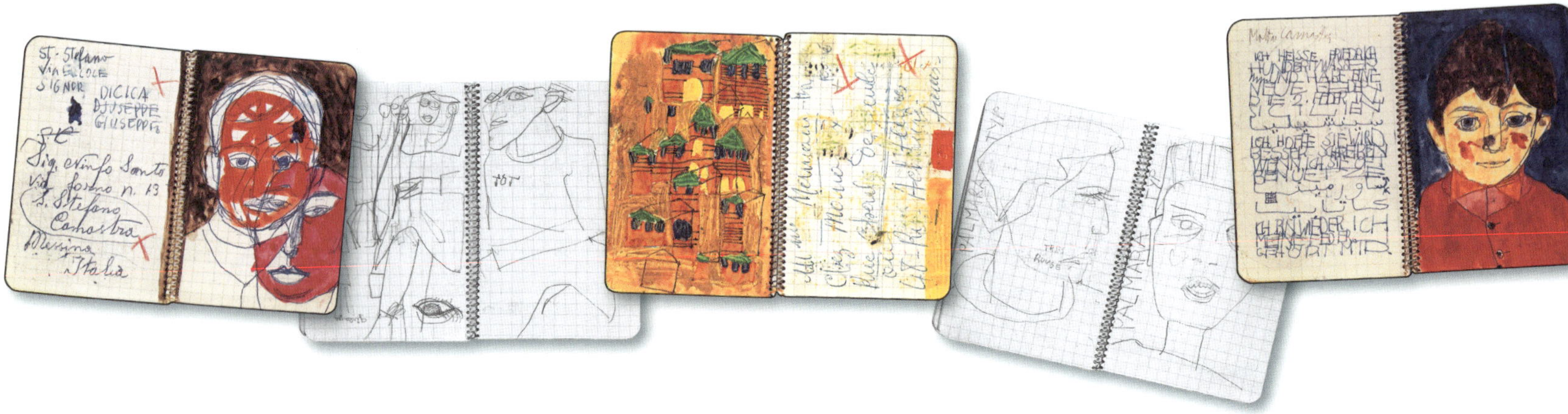

In Tage- und Notizbüchern schrieb Hundertwasser seine Erlebnisse auf und zeichnete und malte, was ihm gefiel oder ihn beeindruckte:

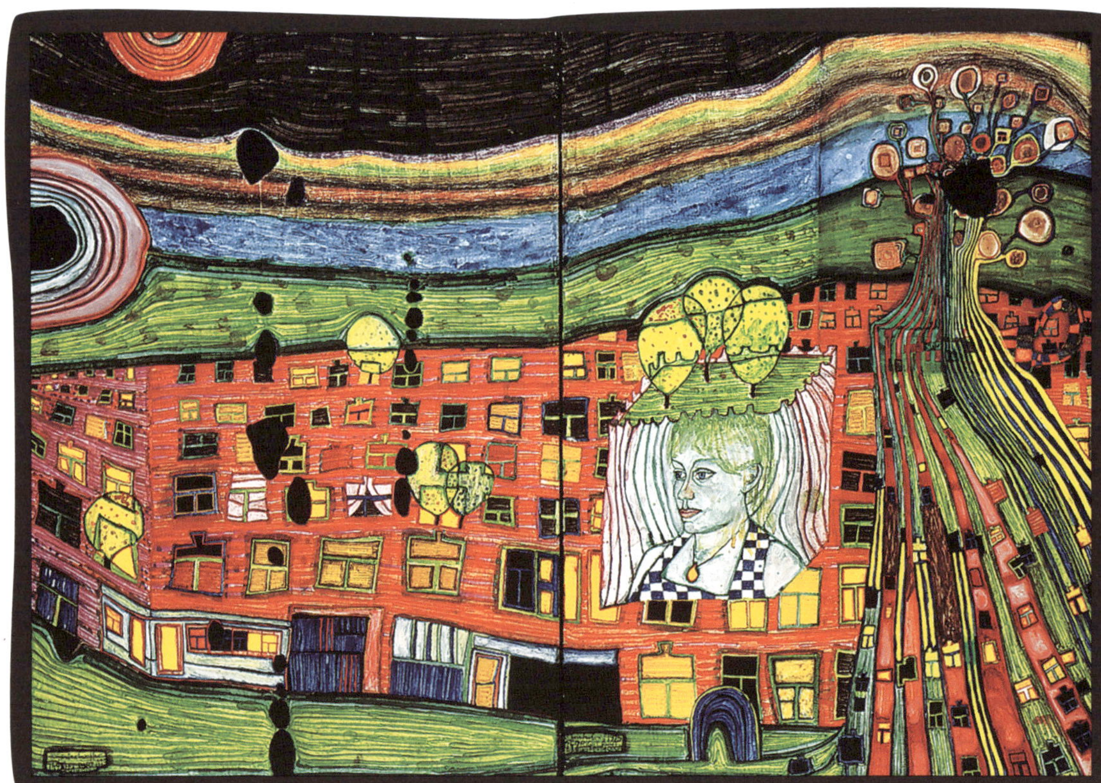

749 Pohutukawa-Baum und schwimmende Liebe – Eine Woche in Perth, 1975

Möchtest auch du schöne Erinnerungen in Bildern festhalten?
Wenn du willst, kannst du hier gleich damit anfangen.

Prestel Verlag, München · London · New York
In der Penguin Random House Verlagsgruppe GmbH
Neumarkter Straße 28 · 81673 München

produktsicherheit@penguinrandomhouse.de
(Vorstehende Angaben sind zugleich Pflichtinformationen nach GPSR)

Abbildungsnachweis:
Die Bildvorlagen wurden uns freundlicherweise vom Hundertwasser Archiv, Wien, zur Verfügung gestellt oder stammen aus dem Archiv des Prestel-Verlags.
Cover und Titelseite: Details aus (840) CIEL COUVERT – LES CIELS D'ICI ET DE LA (Bewölkter Himmel – Die Himmel von da und dort), 1982;
Porträt: Foto: Bernd Lötsch;
Kleidung: Entwurf eines Anzugs für Vogue, 1982, Foto: Pedro Kramreiter;
Entwurf für einen Pullover, hergestellt von Karin Linher, 1960;
Hundertwasser mit Werken, Foto: Alfred Schmid;
Fenster: Fenster an der Wohnhausanlage „In den Wiesen" Bad Soden, 1990-1993, Foto: Miguel Raurich; Fenster im Fernwärmewerk Spittelau, Wien, 1988-1992: Foto: Hubert Kluger;
Plakate: (775A) ARCHE NOAH 2000 – YOU ARE GUEST OF NATURE – BEHAVE, 1981; (777C) SAVE THE WHALES, 1982.
Hundertwasser beim Gestalten einer Boeing 757: Fotos: Alfred Schmid;
Hundertwassers Segelschiff „Regentag"; Entwürfe für Segel, 1989

Projektleitung, Konzept und Lektorat: Doris Kutschbach
Grafik, Gestaltung und Satz: Michael Schmölzl, agenten.und.freunde, München
Herstellung: Susanne Hermann
Lithografie: Reproline mediateam, München
Druck und Bindung: Lanarepro GmbH, Lana

MIX
Papier | Fördert gute Waldnutzung
FSC® C016410

Penguin Random House Verlagsgruppe FSC® N001967

Printed in Italy
ISBN 978-3-7913-4097-5
www.prestel-junior.de